D0515638

PARTICIPACIÓN CÍVICA
LUCHAR POR LOS DERECHOS CIVILES

EL MOVIMIENTO POR EL
SUFRAGIO FEMENINO

Jill Keppeler

**Traducido por
Esther Sarfatti**

PowerKiDS press.

Nueva York

Published in 2017 by The Rosen Publishing Group, Inc.
29 East 21st Street, New York, NY 10010

First Edition

Translator: Esther Sarfatti
Editorial Director, Spanish: Nathalie Beullens-Maoui
Editor, English: Caitie McAneney
Book Design: Mickey Harmon

Photo Credits: Cover (image), pp. 5, 7, 11, 13, 15, 21, 23, 25 Everett Historical/Shutterstock.com; cover, pp. 1, 3–32 (background) Milena_Bo/Shutterstock.com; p. 6 Print Collector/Contributor/Hulton Fine Art Collection/Getty Images; p. 9 (Truth) MPI/Stringer/Archive Photos/Getty Images; p. 9 (Mott) Time & Life Pictures/Contributor/The LIFE Picture Collection/Getty Images; pp. 9 (Stanton),11, 15, 17, 27 Bettmann/Contributor/Bettmann/Getty Images; p. 19 Buyenlarge/Contributor/Archive Photos/Getty Images; p. 29 NurPhoto/Getty Images.

Cataloging-in-Publication Data

Names: Keppeler, Jill.
Title: El movimiento por el sufragio femenino/ Jill Keppeler.
Description: New York : PowerKids Press, 2017. | Series: Trabajar por los derechos civiles | Includes index.
Identifiers: ISBN 9781499433005 (pbk.) | ISBN 9781499433012 (library bound) | ISBN 9781499432992 (6 pack)
Subjects: LCSH: Women–Suffrage–United States–History–Juvenile literature.
Classification: LCC JK1896.K47 2017 | DDC 324.6'230973–dc23

Manufactured in the United States of America

CPSIA Compliance Information: Batch #BW17PK: For Further Information contact Rosen Publishing, New York, New York at 1-800-237-9932

CONTENIDO

CREADOS IGUALES

"Sostenemos como evidentes estas verdades: que todos los hombres son creados iguales...". Estas palabras están entre las más famosas jamás escritas en Estados Unidos de América. Sin embargo, su autor, Thomas Jefferson, se olvidó de algo muy importante: las mujeres.

Esta frase de la Declaración de Independencia hablaba de libertad para todos los estadounidenses, pero incluso después de la guerra de Independencia de Estados Unidos, estaba claro que había gente con más libertades que otra. Las mujeres estadounidenses tuvieron que luchar durante años para obtener el sufragio, o sea, el derecho de votar en las elecciones. Estas valientes pioneras se enfrentaron a retos legales y fuertes críticas, y a veces incluso sufrieron **abuso** físico.

Hoy en día, gracias al movimiento por el sufragio femenino, todas las mujeres de Estados Unidos tienen el derecho al voto. Además, hay mujeres que ocupan algunos de los cargos políticos más altos de la nación.

Las mujeres que lucharon por el derecho al voto en Estados Unidos eran muy valientes. Mucha gente opinaba que las mujeres no debían tener este derecho, pero ellas siguieron adelante.

PREPARANDO EL TERRENO

La lucha por el sufragio femenino en Estados Unidos surgió de una lucha más general por los derechos de la mujer. En la época de la fundación de Estados Unidos, existían muchos **estereotipos** y expectativas en cuanto al lugar de la mujer en la sociedad. Mucha gente creía que las mujeres debían dedicarse exclusivamente a los asuntos **domésticos**.

Mary Wollstonecraft

Una de las primeras líderes

En Gran Bretaña, las mujeres comenzaron a luchar por el derecho al voto casi al mismo tiempo que empezó el movimiento por el sufragio femenino en Estados Unidos. En 1792, Mary Wollstonecraft, una mujer británica, publicó *Vindicación de los derechos de la mujer*. Wollstonecraft fue una de las primeras personas en pedir el sufragio para las mujeres. También dijo que los sistemas educativos de la época enseñaban a las mujeres a ser indefensas, y que mujeres y hombres debían recibir la misma educación.

Sin embargo, muchas mujeres estadounidenses comenzaron a rechazar la idea de que su única misión era ser esposas y madres, y que solo podían ocuparse de la casa y la familia. Querían formar parte real de la sociedad y poner su grano de arena. En el siglo XIX, hubo muchos grupos de **reforma** cuyos miembros querían hacer cambios positivos en la sociedad. Muchas mujeres estadounidenses querían involucrarse y que, además, las tomaran en serio cuando lo hicieran.

Muchas mujeres que querían conseguir el derecho al voto eran esposas y madres. Deseaban ser respetadas como personas, con mentes propias y metas en la vida.

OTRA LUCHA POR LA LIBERTAD

Algunas de las mujeres que dirigirían el movimiento estadounidense por el sufragio femenino también habían estado involucradas en el movimiento abolicionista, el cual intentaba acabar con la esclavitud en Estados Unidos. Sin embargo, ciertos grupos abolicionistas no aceptaban a las mujeres como miembros, y aquellos que sí las aceptaban no solían permitir que tuvieran **papeles** de liderazgo. A las hermanas Angelina y Sarah Moore Grimké incluso las criticaban porque hablaban en contra de la esclavitud delante de grupos mixtos de hombres y mujeres.

En 1840, las abolicionistas Lucretia Mott y Elizabeth Cady Stanton viajaron a Londres, Inglaterra, para asistir a la Convención Mundial Abolicionista, pero no las dejaron participar, ya que a las mujeres solo se les permitía mirar. Mott, Stanton y muchas otras mujeres llegaron a la conclusión de que, si querían que las tomaran en serio como reformistas, primero tenían que conseguir el derecho al voto.

Sojourner Truth

Elizabeth Cady Stanton

Lucretia Mott

Una oradora poderosa

Sojourner Truth, nacida Isabella Baumfree, luchó tanto por la abolición de la esclavitud como por el sufragio femenino. Ella nació en la esclavitud alrededor de 1797, en el estado de Nueva York, y se escapó en 1827. Truth se unió al movimiento abolicionista en la década de 1840, y al movimiento por el sufragio femenino unos diez años más tarde. Quizá sea más conocida por un discurso que pronunció en 1851. Este discurso, que se conoce con el título "¿Acaso no soy una mujer?", expresaba las dificultades de ser negra, además de mujer.

UNA GRAN REUNIÓN

Mucha gente considera que el movimiento por el sufragio femenino en Estados Unidos comenzó en julio de 1848. Ese año tuvo lugar la primera convención sobre los derechos de la mujer en Seneca Falls, Nueva York. Más de 200 personas asistieron a este evento, organizado por Lucretia Mott y Elizabeth Cady Stanton.

Durante la convención, Stanton leyó una Declaración de Sentimientos que resumía los derechos que debían tener las mujeres. El documento incluía la frase: "Sostenemos como evidentes estas verdades: que todos los hombres *y las mujeres* son creados iguales…". Cien de las personas que asistieron al congreso lo firmaron: 68 mujeres y 32 hombres.

De la convención también salieron una docena de **resoluciones**, una de las cuales pedía el sufragio femenino. La resolución referente al derecho al voto fue muy **controvertida**. Muchos opinaron que era mejor quitarla, pero Stanton les convenció de que la debían dejar, y así se hizo.

Elizabeth Cady Stanton and Women's Rights

En esta ilustración, Elizabeth Cady Stanton habla en la convención de 1848 acerca de los derechos de la mujer. En 1998, se organizó una celebración en Seneca Falls en honor al 150 aniversario de la convención. Hillary Clinton habló durante el evento.

Después del encuentro de Seneca Falls, los organizadores comenzaron a planear más convenciones sobre los derechos de la mujer. La primera Convención Nacional sobre los Derechos de la Mujer tuvo lugar en octubre de 1850 en Worcester, Massachusetts. La organizaron Paulina Wright Davis y otras sufragistas, o personas que trabajaban para conseguir el derecho al voto.

En la convención hubo **debates**, oradores e ideas sobre el futuro del movimiento. Asistieron más de 1000 personas. Aunque los participantes hablaron de muchos asuntos, el sufragio fue el tema central. Después, y durante varios años, se celebraron convenciones sobre los derechos de la mujer cada año.

Sin embargo, justo cuando el movimiento por el sufragio femenino empezaba a hacer algunos avances, comenzó la Guerra Civil Estadounidense, en 1861. Muchas de las personas que participaban en el movimiento prefirieron centrar sus energías en ayudar con el esfuerzo bélico.

Muchos hombres, entre ellos algunos que trabajaban para revistas y periódicos, se reían del movimiento por los derechos de la mujer. Este grabado, de 1859, muestra una escena que hace burla de la convención sobre los derechos de la mujer.

En la prensa

A la convención asistieron algunos periodistas que luego la criticaron, así como a sus asistentes y objetivos. Un periodista del *New York Herald* escribió horrorizado que Abby Kelly, una de las oradoras, "recomendó que el trabajo comenzara con la educación conjunta de los dos sexos, y que todas las distinciones en la sociedad entre hombre y mujer debían suprimirse, y que una mujer estaba igualmente cualificada para ser presidente que un hombre".

SUSAN B. ANTHONY

Una de las personas más conocidas que luchó por el sufragio femenino en Estados Unidos fue Susan B. Anthony, quien nació, en 1820, en Massachusetts. Cuando era joven, trabajó de maestra durante unos diez años y se hizo activa en el movimiento antialcohólico y en grupos abolicionistas. En 1851, conoció a Elizabeth Cady Stanton y las dos comenzaron a trabajar juntas por la causa de los derechos de la mujer.

Anthony fue una gran escritora y oradora. Trabajó junto a Stanton en la publicación de *Revolution*, un periódico en el cual compartían sus puntos de vista. Anthony viajó por todo el país para hablar acerca de los derechos de la mujer. Tuvo que soportar fuertes críticas y abusos por parte de personas que no querían escuchar lo que ella tenía que decir. Aun así, Anthony trabajó por el sufragio hasta su muerte, en 1906.

Susan B. Anthony nunca dejó de trabajar para conseguir el sufragio. Poco antes de morir, le dijo a una amiga: "pensar que llevo más de 60 años de dura lucha por conseguir un poco de libertad, y luego morir sin verla parece tan cruel".

En honor a Anthony

En 1979, el Departamento del Tesoro de Estados Unidos grabó la imagen de Anthony en las monedas de un dólar. Fue la primera mujer en ser representada en cualquier tipo de moneda estadounidense. Aunque ya no se fabrican los dólares de Susan B. Anthony, aún puedes encontrar estas monedas hoy en día. Se hicieron unas 888 millones entre 1979 y 1999. También recibió otro honor muy especial. En 1920, cuando se **ratificó** finalmente la Decimonovena Enmienda, la llamaron la Enmienda Susan B. Anthony.

GRUPOS RIVALES

Cuando terminó la Guerra Civil Estadounidense en 1865, las mujeres estaban listas para volver a trabajar por el sufragio. En 1866, Elizabeth Cady Stanton y Susan B. Anthony fundaron la Asociación Estadounidense por la Igualdad de Derechos, la cual se dedicaba a luchar por el derecho al voto para todos.

Desafortunadamente, esta organización se encontró con un problema. Muchos de los que luchaban por el sufragio femenino se oponían a cualquier enmienda que diera el derecho al voto a los antiguos esclavos sin dar el mismo derecho a las mujeres. Otros pensaban que era más importante que los hombres afroamericanos consiguieran el derecho primero y que las mujeres siguieran la lucha después.

En 1869, la Asociación Estadounidense por la Igualdad de Derechos se dividió a causa de este problema. Stanton y Anthony formaron la Asociación Nacional por el Sufragio Femenino, mientras que otras sufragistas formaron la Asociación Estadounidense por el Sufragio Femenino.

Lucy Stone fue una de las fundadoras de la Asociación Estadounidense por el Sufragio Femenino. También fue la primera presidenta de la asociación.

En 1870, la Decimoquinta Enmienda a la Constitución de Estados Unidos dio a los hombres afroamericanos el derecho al voto. A pesar de haber colaborado en el pasado con el movimiento abolicionista, Elizabeth Cady Stanton, Susan B. Anthony y algunas más se habían negado a trabajar para conseguir su ratificación.

La Asociación Nacional por el Sufragio Femenino, que tenía su sede en el estado de Nueva York, dedicó sus esfuerzos a conseguir una enmienda a la Constitución de Estados Unidos estableciendo el sufragio femenino. La Asociación Estadounidense por el Sufragio Femenino, con sede en Boston, Massachusetts, trabajó para cambiar las leyes a nivel estatal.

La separación entre los dos grupos no ayudó a la causa. Al contrario, dividió a sus seguidores, su mensaje y el dinero del que disponían para hacer su trabajo. En 1890, los dos grupos volvieron a unirse, formando la Asociación Nacional Estadounidense por el Sufragio Femenino. Así la causa volvió a ganar terreno.

Aquí se muestran las oficinas de la Asociación
Nacional Estadounidense por el Sufragio Femenino,
en Washington D. C. Elizabeth Cady Stanton y Susan
B. Anthony fueron las dos primeras presidentas de
la asociación.

PASOS PEQUEÑOS

Aunque era ilegal, Susan B. Anthony y 15 mujeres más votaron en las elecciones estadounidenses de 1872, en las cuales el presidente Ulysses S. Grant se presentó para la reelección contra Horace Greeley. Anthony votó por Grant y fue detenida. Tuvo que ir a juicio, donde se opuso a los cargos, pero recibió una multa de $100, la cual se negó a pagar.

En 1878, por primera vez, los miembros del Congreso hablaron de una propuesta de enmienda para el sufragio femenino. Y, mientras tanto, algunos estados comenzaron a aprobar el sufragio femenino por su cuenta. Cuando el estado de Wyoming fue admitido en la Unión, en 1890, su constitución estatal ya daba el derecho al voto a las mujeres. Para el año 1900, Colorado, Utah y Idaho también habían dado a las mujeres el derecho al voto.

En esta imagen, Victoria Woodhull habla delante de un comité del Congreso acerca del sufragio femenino en 1872.

Las primeras candidatas

Aunque las mujeres aún no tenían el derecho al voto, una mujer se presentó para el cargo de presidente en las elecciones de 1872. El Partido por la Igualdad de Derechos nombró candidata a Victoria Woodhull. Nadie sabe con exactitud cuántos votos recibió. Belva Lockwood se presentó como candidata presidencial en las elecciones de 1884 y 1888. Recibió más de 4,000 votos en 1884. Lockwood también fue la primera abogada en ejercer ante el Tribunal Supremo de Estados Unidos.

LLEGA EL SIGLO XX

A pesar de sus victorias y como era natural, las pioneras del movimiento por el sufragio femenino envejecieron. Lucretia Mott murió en 1880; fue seguida por Elizabeth Cady Stanton, en 1902; y Susan B. Anthony, en 1906. Tristemente, ninguna de ellas llegó a votar legalmente en unas elecciones en Estados Unidos.

Por suerte, había otras mujeres más jóvenes que tomaron el relevo para liderar el movimiento sufragista. Carrie Chapman Catt se hizo cargo de la Asociación Nacional Estadounidense por el Sufragio Femenino en 1900. Alice Paul, una mujer estadounidense que había estudiado en Inglaterra y colaborado allí en la campaña sufragista, fundó el Partido Nacional de la Mujer en 1913.

Estas nuevas líderes continuaron la lucha, y más estados fueron aprobando el derecho al sufragio para las mujeres. Al llegar el año 1918, once estados más, entre ellos California y Nueva York, habían dado plenos derechos de voto a las mujeres.

En el estado de Nueva York, las mujeres ganaron el derecho al voto en 1917. Las tres mujeres de la foto están a punto de votar por primera vez.

PIQUETES Y PRISIÓN

Cuando Alice Paul regresó a Estados Unidos y fundó el Partido Nacional de la Mujer, traía consigo algunas táctica usadas por el movimiento por el sufragio de la mujer en Inglaterra, que era más **combativo**. Los miembros del partido formaron piquetes en la Casa Blanca, lo que significa que protestaron quedándose fuera y mostrando sus pancartas.

En junio de 1917, la policía empezó a detener a las mujeres que formaban piquetes. Algunas recibieron condenas de hasta seis meses de prisión. En la cárcel, las trataron muy mal. El 15 de noviembre de 1917, que más tarde se conocería como la "noche del terror", los guardias de la prisión de Occoquan, Virginia, les pegaron a unas 30 mujeres.

En enero de 1918, un tribunal anuló las sentencias de todas las mujeres. Ese mismo mes, el presidente Woodrow Wilson declaró su apoyo por una enmienda para el sufragio de las mujeres.

Las sufragistas sabían que la policía las podían detener, pero aun así protestaban por el derecho al voto. En esta foto de 1917, Catherine Flanagan (a la izquierda) y Madeleine Watson (a la derecha) del Partido Nacional de la Mujer forman piquetes en la Casa Blanca.

LA DECIMONOVENA ENMIENDA

Finalmente, el duro trabajo de Stanton, Anthony, Catt, Paul y tantas otras mujeres y hombres estaba a punto de dar fruto. Cuando comenzó la Primera Guerra Mundial en 1914, las mujeres de Estados Unidos, entre ellas muchas sufragistas, contribuyeron enormemente para que el país siguiera adelante durante el esfuerzo bélico. Gran parte de la **oposición** al sufragio femenino había desaparecido al terminar la guerra en 1918.

En mayo de 1919, la Cámara de Representantes de Estados Unidos aprobó una enmienda a la Constitución que daba a las mujeres el derecho al voto. El Senado la aprobó en junio. Pasó más de un año hasta que un número suficiente de estados la ratificaran, pero el 26 de agosto de 1920, la Decimonovena Enmienda se convirtió en ley. La enmienda dice que todos los ciudadanos, independientemente de su sexo, tienen el derecho al voto.

Un grupo de sufragistas celebran la aprobación de la Decimonovena Enmienda. Más de 26 millones de mujeres en todo Estados Unidos ya tenían el derecho al voto.

La única superviviente

De las 68 mujeres que habían firmado la Declaración de Sentimientos en la Convención sobre los Derechos de la Mujer de 1848, en Seneca Falls, solo una estaba viva cuando se ratificó la Decimonovena Enmienda. Desafortunadamente, Charlotte Woodward Pierce, de 92 años, estaba enferma el día de las elecciones presidenciales de 1920 y no pudo ir a votar. "Mi corazón está con todas las mujeres que votan", dijo en 1921. "Ahora ya lo han ganado, y no deberían reñir por la forma de usarlo".

EL FUTURO

La Decimonovena Enmienda resultó en la mayor expansión del derecho al voto en la historia de Estados Unidos. En los años siguientes a su ratificación, el movimiento por el sufragio femenino siguió trabajando para conseguir más derechos para las mujeres. Empezó a haber más mujeres que se presentaban para ocupar cargos públicos.

Hoy en día, muchas mujeres ocupan cargos en distintos niveles del gobierno, desde concejos municipales locales y escolares hasta el Congreso de Estados Unidos. Además, en 2016, Hillary Clinton se convirtió en la primera mujer en postularse a la presidencia de Estados Unidos por uno de los principales partidos políticos.

Muchas mujeres y hombres trabajaron arduamente para que todos los ciudadanos de Estados Unidos pudieran votar y elegir a nuestros líderes. ¡Es muy importante ejercer este derecho!

En julio del 2016, Hillary Clinton, quien fue Secretaria de Estado de Estados Unidos de 2009 a 2013, aceptó la candidatura presidencial del Partido Demócrata.

CRONOLOGÍA

1840
Lucretia Mott y Elizabeth Cady Stanton viajan a Londres, Inglaterra, para la Convención Mundial Abolicionista, pero no se les permite participar.

Octubre de 1950
La primera Convención Nacional sobre los Derechos de la Mujer tiene lugar en Worcester, Massachusetts.

1869
La Asociación Estadounidense por la Igualdad de Derechos se divide. Las sufragistas forman la Asociación Nacional por el Sufragio Femenino (NWSA, por sus siglas en inglés) y la Asociación Estadounidense por el Sufragio Femenino (AWSA, por sus siglas en inglés).

1890
La NWSA y la AWSA se vuelven a unir para formar la Asociación Nacional Estadounidense por el Sufragio Femenino.

26 de agosto de 1920
Se ratifica la Decimonovena Enmienda, dando a las mujeres el derecho al voto.

Julio de 1848
Tiene lugar la primera convención sobre los derechos de la mujer en Seneca Falls, Nueva York. Un total de 68 mujeres y 32 hombres firman una Declaración de Sentimientos.

1866
Elizabeth Cady Stanton y Susan B. Anthony fundan la Asociación Estadounidense por la Igualdad de Derechos.

1872
Susan B. Anthony y 15 mujeres más votan en las elecciones presidenciales. Anthony es detenida y llevada a juicio. Victoria Woodhull se presenta para el cargo de presidente de Estados Unidos.

1913
La NWSA y la AWSA se vuelven a unir para formar la Asociación Nacional Estadounidense por el Sufragio Femenino.

2016
Hillary Clinton se convierte en la primera mujer en postularse a la presidencia de Estados Unidos por uno de los principales partidos políticos.

GLOSARIO

abuso: Trato que es física o verbalmente dañino.

combativo: Dispuesto a usar la fuerza para conseguir algo.

controvertido: Algo que puede fácilmente dar lugar a desacuerdos.

debate: Un acto durante el cual dos personas hablan o discuten acerca de un tema, a menudo delante de un grupo de personas.

doméstico: Que tiene que ver con el hogar o la familia.

estereotipo: El hecho de creer injustamente que todas las personas que comparten una cierta característica son iguales.

oposición: El acto de oponerse o ponerse en contra de algo.

papel: La función que alguien tiene dentro de una familia, sociedad u otro grupo.

ratificar: Aprobar formalmente.

reforma: El acto de cambiar o modificar algo, normalmente para mejorarlo.

resolución: Una expresión formal de intención o voluntad votada por un cuerpo oficial o una asamblea.

ÍNDICE

SITIOS WEB

Debido a la naturaleza cambiante de los enlaces de internet, PowerKids Press ha elaborado una lista de sitios web relacionados con el tema de este libro. Este sitio se actualiza de forma regular. Por favor, utiliza este enlace para acceder a la lista: www.powerkidslinks.com/civic/women